AF502723

OBSERVATIONS
SUR LA LOI DES ÔTAGES,
OU
LOI
POUR LA RÉPRESSION DU BRIGANDAGE, etc.

Par ANDRÉ MORELLET.

Jam vero illud stultissimum existumare omnia justa esse quae sita sint in populorum institutis aut legibus. — CIC. de leg.

A PARIS,

Chez tous les Marchands de Nouveautés.

Thermidor an 7.

LOI

Relative à la répression du brigandage et des assassinats dans l'intérieur.

Du 23 messidor an 7.

ART. Ier. Quand un département, canton ou commune est notoirement en état de troubles civils, le directoire exécutif propose au corps législatif de le déclarer compris dans les dispositions suivantes :

II. Les parens d'émigrés, leurs alliés et les ci-devant nobles, compris dans les loix des 3 brumaire an 4, et 9 frimaire an 6, les aïeuls, pères et mères des individus qui, sans être ex-nobles ni parens d'émigrés, sont néanmoins notoirement connus pour faire partie des rassemblemens ou bandes d'assassins, sont personnellement et civilement responsables des assassinats et des brigandages commis dans l'intérieur, en haine de la république, dans les départemens, cantons ou communes déclarés en état de troubles.

III. Immédiatement après la publication de la loi rendue en exécution de l'art 1.er, les administrations centrales prendront des ôtages dans les classes ci-dessus désignées, dans les communes, cantons et départemens déclarés en état de trouble : néanmoins et dans le cours des troubles imminens, quoique le département, canton ou commune ne soit point encore déclaré par la loi, en état de troubles, les mêmes administrations sont provisoirement autorisées à prendre des ôtages ; elles en instruiront le directoire exécutif dans les vingt-quatre heures.

IV. Les ôtages seront établis, à leurs frais, dans un même local, dans une commune du département, sous la surveillance des administrations centrales et municipales, et des commissaires du directoire exécutif près ces mêmes administrations.

V. Les ôtages, qui dans les dix jours de l'avertissement qui leur sera notifié par un gendarme, ne se rendront pas au lieu indiqué par les administrations, y seront traduits par la force armée; ceux qui s'en évaderont seront personnellement assimilés aux émigrés, considérés et traités comme tels.

VI. Sont exceptés des dispositions ci-dessus les ci-devant nobles et parens d'émigrés qui ont constamment rempli des fonctions publiques à la nomination du peuple, ou qui sont dans les exceptions prévues par les loix des 3 brumaire an 4 et 9 frimaire an 6.

VII. Les administrations centrales dresseront, dans le mois de la publication de la loi qui indiquera les communes, cantons ou départemens où la présente loi sera applicable, en conformité de l'article 1.er, une liste de tous les individus assujétis à la garantie personnelle et civile, consacrée par l'article 2.

VIII. Les administrations centrales comprendront sur cette liste tous les individus dénommés au deuxième article, domiciliés dans leurs arrondissemens respectifs à l'époque du premier septembre 1791 (v. st.)

IX. S'il est commis un assassinat sur un citoyen ayant été depuis la révolution, ou étant actuellement fonctionnaire public, ou défenseur de la patrie, ou acquéreur ou possesseur de domaines nationaux, le directoire exécutif, après avoir consulté les administrations centrales, est chargé de faire déporter hors le territoire de la république, dans les deux décades de l'assassinat, quatre des individus désignés dans l'art. 2, par chaque personne assassinée, pris en premier lieu parmi les parens nobles d'émigrés; secondement, parmi les ci-devant nobles, et successivement parmi les parens des individus faisant partie des rassemblemens.

L'enlèvement des citoyens ci-dessus désignés, de leurs pères, mères, épouses, ou de leurs enfans, donnera lieu à la même peine de déportation, et en outre aux amendes et indemnités ci-après fixées, s'ils ne sont remis en liberté dans les vingt-quatre heures de l'enlèvement.

Dans tous les cas d'enlèvement d'une des personnes

ci-dessus dénommées, les garans seront assujétis à une amende de six mille francs, sans néanmoins déroger aux peines portées par le code des délits et des peines contre les auteurs du délit.

X. La peine de déportation contre les ôtages n'a pas lieu, quand l'un d'eux a formellement dénoncé et procuré l'arrestation des individus qui seroient ensuite déclarés coupables du délit.

XI. Le séquestre sera apposé sur les biens des ôtages déportés, et tiendra jusqu'à l'accomplissement des condamnations prononcées contr'eux, et jusqu'à la représentation d'un certificat légal, constatant qu'ils subissent leur déportation.

XII. L'infraction de la déportation sera assimilée à l'émigration, pour les effets personnels aux déportés seulement.

XIII. Indépendamment de la peine de déportation prononcée par l'art. 9 ci-dessus, les individus dénommés dans l'art. 2, seront respectivement dans chaque département, civilement et solidairement responsables d'une amende de cinq mille francs par chaque individu dénommé dans l'article 9, assassiné soit isolément, soit dans une action, ou de quelqu'autre manière que ce soit.

XIV. L'amende de cinq mille francs sera payée dans les quinze jours, pour tout délai, qui suivront l'assassinat ou l'enlèvement, et versée dans la caisse du receveur-général, sur simples arrêtés des administrations centrales, lesquelles prononceront sur la remise des procès-verbaux, rédigés ou par les agens municipaux, ou commissaire de police, ou par les juges-de-paix, ou par les commandans de la force armée.

XV. Outre l'amende de cinq mille francs versée au trésor public, lesdits individus énoncés en l'article 2, seront civilement et solidairement garans et responsables d'une indemnité qui ne pourra être moindre de la somme de six mille francs en faveur de la veuve, et de trois mille francs pour chacun des enfans de la personne assassinée.

XVI. Les citoyens de la qualité désignée dans l'article 9, qui, mutilés, survivront à leur blessures, auront droit à une indemnité qui ne pourra être moindre de six mille francs.

XVII. Les citoyens qui se seroient, en exécution d'une mission particulière à eux donnée par une autorité civile, ou d'un ordre militaire, dévoués à la recherche des émigrés rentrés, des prêtres déportés ou sujets à la déportation, des assassins, et qui seroient assassinés ou mutilés dans le cours ou à la suite de cette mission, ou de l'ordre militaire, auront droit, eux, leurs épouses et leurs enfans, aux mêmes indemnités que dessus.

XVIII. Les indemnités ci-dessus seront acquittées dans les dix jours qui suivront l'arrêté de l'administration centrale.

XIX. Les individus compris dans l'article 2, sont également, dans chaque département, civilement et solidairement responsables, soit envers la République, soit envers les particuliers, des enlèvemens de récoltes, exactions de fermages, spoliations de deniers publics, ainsi que des incendies, dégradations et pillage exercés sur les propriétés.

XX. Les indemnités résultantes des délits compris en l'article précédent, seront réglées par arrêté des administrations centrales, dans les dix jours qui suivront le délit, et acquittées dans les dix jours suivans; elles seront équivalentes aux objets pillés, incendiés dévastés. Les garans seront en outre tenus à une amende, au profit du trésor public, égale à la valeur desdits objets.

XXI. Les indemnités dues à la nation, à raison des enlèvemens de deniers publics, des incendies, dégradations pillages des propriétés nationales, seront versées dans les caisses respectives que les objets pillés ou dévastés concernent.

XXII. Les administrations centrales règleront les indemnités et amendes d'après l'examen des procès-verbaux rédigés par les agens municipaux, ou commissaire de police, ou juge-de-paix, ou commandant la force armée, et d'après les renseignemens qu'elles jugeront convenables de prendre.

XXIII. Les agens municipaux, ou commissaire de police, juge-de-paix et commandant la force armée, seront tenus de dresser leurs procès-verbaux dans les trois jours qui suivront le délit : mais lorsque ce délit aura été commis dans la commune où résident l'agent municipal ou commissaire de police, le commandant de la force armée et le juge-de-paix, le procès-verbal sera rédigé conjointement par les premiers, et séparément par le juge-de-paix ; il sera adressé, le quatrième jour après le délit, à l'administration centrale.

XXIV. Les agens municipaux, ou commissaire de police, juge-de-paix et commandant la force armée, qui ne rédigeront pas ou n'enverront pas leurs procès-verbaux dans les délais fixés par l'article précédent, encourront individuellement une amende de trois cents francs chacun.

XXV. Les amendes prononcées par les articles 13, 20 et 24, seront versées dans la caisse du receveur général du département, qui ouvrira un compte particulier à cet égard, et demeureront spécialement affectées à récompenser les citoyens qui contribueront à faire arrêter un émigré ou un prêtre déporté, rentré ou sujet à la déportation, ou un individu faisant partie des bandes d'assassins désignés sur la liste.

XXVI. Les récompenses mentionnées en l'article précédent, sont fixées; savoir : pour un émigré et un prêtre déporté, rentré ou sujet à la déportation, ou un chef d'assassins, depuis la somme de 300 francs à 2,400 francs ; et pour les autres individus faisant partie des bandes d'assassins, depuis 200 francs à 600 francs. Ces récompenses seront réglées par les administrations centrales.

XXVII. Les gendarmes et gardes nationales sédentaires ou en activité, employés contre les bandes d'assassins, auront droit aux mêmes récompenses.

XXVIII. Les récompenses seront acquittées par les receveurs généraux des départemens, sur mandats des administrations centrales, à imputer sur les fonds provenans des amendes prononcées et versées en vertu de la présente loi.

XXIX. Les récompenses accordées aux gendarmes et gardes nationales sédentaires ou en activité, seront distribuées également entre les militaires qui auront contribué à l'arrestation des individus désignés dans l'article 26 ci-dessus.

XXX. A défaut de fonds existans dans la caisse du receveur du département, provenant des amendes, les individus dénommés dans l'article 2, seront tenus solidairement de verser dans la caisse dudit receveur, le montant des récompenses accordées dans les dix jours qui suivront l'arrêté de l'administration centrale.

XXXI. Faute par les individus appelés au paiement, de verser dans les susdits délais les amendes, indemnités et récompenses ci-dessus mentionnées, ils y seront condamnés par le tribunal civil du département, poursuite et diligence du commissaire du Directoire exécutif près le même tribunal. En conséquence, les administrations centrales seront tenues d'adresser audit commissaire une expédition de l'arrêté portant fixation desdites amendes, indemnités ou récompenses, avec l'état de la situation des biens des individus appelés au paiement, de faire apposer le séquestre sur les biens de ces mêmes individus, jusqu'à l'accomplissement des condamnations, sous peine de mille francs d'amende contre chacun des membres de ladite administration.

XXXII. Le commissaire du Directoire exécutif près le tribunal, sera tenu, sous peine de mille francs d'amende, de fournir son réquisitoire au tribunal civil, dans les trois jours de la réception de l'arrêté de l'administration centrale; et dans les trois jours suivans, le tribunal sera également tenu, sous peine d'une amende de mille francs contre chacun de ses membres, de prononcer sur le simple vu dudit arrêté.

XXXIII. Les amendes ci-dessus auront la même destination que celle mentionnée dans l'article XXV ci-dessus.

XXXIV. Si dans les trois jours qui suivront la notification du jugement rendu par le tribunal civil, l'individu ou les individus condamnés ne versent pas dans la caisse du receveur-général le montant desdites amendes, indemnités ou récompenses et frais y relatifs, ils y seront contraints par saisie et vente de leurs biens et par voies solidaires, dans les formes prescrites.

XXXV. Les jugemens rendus par les tribunaux civils seront exécutés nonobstant appel.

XXXVI. Les administrations centrales, sur l'avis des administrations municipales, dresseront, dans le mois de la publication de la loi qui désignera les communes, cantons ou départemens où la présente sera applicable, une liste de tous les individus notoirement connus pour faire partie des bandes d'assassins.

XXXVII. Les individus faisant partie desdits rassemblemens ou bandes d'assassins connus, et qui justifieront être de la classe des artisans, manouvriers ou cultivateurs, seront admis, dans les quinze jours de la publication de la loi qui indiquera les départemens, cantons ou communes où la présente sera exécutée, à rentrer librement dans leurs foyers, sans pouvoir y être inquiétés par la suite, à condition, par lesdits individus, de se présenter dans ledit délai à l'administration centrale, et d'y déposer un bon fusil simple, de calibre, ou un bon fusil à deux coups.

Les administrations centrales sont autorisées à rayer définitivement les individus qui déposeront les armes dans ledit délai, de la liste dressée en exécution de l'article précédent.

XXXVIII. Ne pourront jouir de la faculté accordée par le précédent article, les chefs déja amnistiés, quel qu'ait été leur grade, ni les ci-devant privilégiés, même sans grade, amnistiés ou non, ni les émigrés, ni les prêtres déportés, rentrés ou sujets à la déportation, la législation concernant ces derniers restant dans toute sa force.

XXXIX. Tous les individus portés sur la liste dressée en vertu de l'art. 36, qui ne jouiront pas du bénéfice de l'art. 37 dans le délai prescrit, seront personnellement assimilés aux émigrés considérés et traités comme tels; en conséquence, ils seront traduits devant une commission militaire, et condamnés à la peine de mort, soit qu'ils aient été pris armés ou non.

XL. Les aïeuls, aïeules, pères et mères des individus portés sur la liste dressée en exécution de l'art 36, et qui ne profiteront pas des avantages de l'article 37 ci-dessus, sont personnellement assimilés aux ascendans d'émigrés, et soumis à la même indemnité, dans les formes et dans les délais prescrits pour ces derniers, sans pouvoir faire valoir le *minimum* de fortune.

XLI. Les individus qui seront convaincus d'avoir donné sciemment asyle à des assassins, seront assujétis à la garantie civile et personnelle portée par l'article 2.

XLII. Les listes dressées en exécution des articles 7 et 36, seront imprimées, affichées dans toutes les communes des départemens respectifs, dans les quatre décades qui suivront la publication de la loi qui indiquera les communes, cantons ou départemens où la présente loi recevra son application. Lesdites listes seront en outre adressées, dans le même délai, au ministre de la police générale.

XLIII. Au moyen des dispositions ci-dessus, la loi du 10 vendémiaire an 4 cessera d'avoir son application, seulement quant à la responsabilité établie contre les communes, à dater de la publication de la loi qui déclarera que la présente doit être exécutée dans un département, canton ou commune. Les loix tendantes à prévenir ou punir des délits, continueront d'être exécutées en ce qui n'est pas contraire à la présente.

XLIV. Quand un département, canton ou commune est déclaré en état de troubles, l'effet de cette déclaration ne cesse que par une loi.

XLV. La présente loi ne recevra son exécution que jusqu'à la paix générale ; elle sera proclamée et affichée dans toutes les communes de la République.

OBSERVATIONS.

La constitution de l'an 3 de la République sous laquelle nous vivons, déclare, titre XIV, art. 353, « que nul ne peut être empêché de dire, écrire, imprimer et publier sa pensée, et que nul ne peut être responsable de ce qu'il a écrit ou publié que dans les cas prévus par la loi. »

J'use de ce droit naturel de l'homme, antérieur à la constitution elle-même, qui le consacre et le garantit, mais qui ne le fonde pas, pour présenter à mes concitoyens et au corps législatif les observations que je crois pouvoir faire sur la loi que je viens de rapporter.

Il est triste sans doute d'accuser une loi existante au tribunal de la raison et de la justice; mais après tout, il n'a existé aucune société politique dans laquelle il n'y ait eu des loix vicieuses et injustes, contre lesquelles les hommes éclairés de leur siècle ont constamment réclamé. Cet inconvénient est sur-tout celui des temps de révolution, où les loix sont généralement faites avec une précipitation qu'on prétend toujours, et presque toujours faussement, commandée par les circonstances, mais qui n'en est pas moins une source féconde d'erreurs et d'injustices; cette précipitation est un motif de plus pour appeler les réclamations contre une loi, bien que déja portée. Si celles qui ont été préparées, méditées avec maturité dans des temps tranquilles, n'ont pas été à l'abri de la censure des hommes éclairés ; si de bons citoyens se sont souvent permis de faire connaître les vices de loix consacrées par une suite de siècles ; comment nous serait-il interdit de porter le flambeau de la raison et de la justice sur une loi d'hier, décrétée, comme on dit, d'urgence, et que les circonstances dans lesquelles elle a été rendue, ainsi que les dispositions qu'elle renferme, peuvent faire justement regarder comme portée sans assez de réflexion ?

Si cette liberté nous était ôtée, la plus grande partie des loix auxquelles nous obéissons aujourd'hui, ayant été décrétées d'urgence, comme celle dont il s'agit ici, il est clair que le peuple n'aurait eu en aucun temps l'exercice de ce droit qu'on lui accorde de connaître, de juger les loix auxquelles il doit obéir. Une loi rendue d'urgence est proposée au Conseil des Cinq-cents dans une motion d'ordre, et à l'improviste ; on nomme une commission qui fait son rapport au bout de quelques jours ; la résolution passe, est envoyée aux Anciens, et en une décade, et souvent beaucoup moins, une disposition qui fait le sort peut-être d'un million de Français, devient loi de la République. Il est évident qu'en un tel état de choses, tout examen, toute discussion de la loi est impossible aux citoyens avant son émission. Il faut donc qu'il leur soit permis de la discuter, même lorsqu'elle est portée ; autrement, l'article VII de la constitution de l'an 3, *la loi est la volonté générale*, serait une dérision.

De nombreux exemples justifient aussi cette liberté. Combien de loix, même parmi celles qui ont été faites avec maturité, après avoir été de nouveau soumises à la discussion, soit hors des conseils, soit dans les conseils, ont été rapportées ! Comme la République a renoncé, pour les actes de sa législation, à ces dénominations anciennes et ambitieuses d'*édits perpétuels et irrévocables* qu'employait le gouvernement qu'elle a détruit, il faut bien qu'elle les regarde comme pouvant être changés pour de bonnes raisons, et par conséquent comme pouvant être examinés, critiqués et combattus.

Je dirai enfin que je m'autorise et m'enhardis de mon propre exemple. En d'autres temps où il y avait peut-être aussi quelque courage à s'élever contre des loix injustes, je n'ai pas craint de descendre dans cette lice. J'en suis sorti, sinon toujours vainqueur, au moins sans blessures; et des antagonistes que j'ai combattus, et dont plusieurs siègent encore parmi nos Représentans, aucun n'a cru pouvoir exiger de moi cette soumission d'opinion que quelques esprits faibles ou faux revendiquent pour les loix déja portées. Aucun ne m'a dénoncé comme un écrivain séditieux. La conviction intime et le sentiment profond qui ont dicté mes écrits, ont écarté loin de moi toute imputation de ce genre. Je ne les crains pas davantage aujourd'hui.

Mais, dira-t-on, ne faut-il pas maintenir le respect pour les loix? équivoque misérable! Le respect qu'on doit aux loix, est l'obéissance et non pas la persuasion qu'elles sont toujours justes et bonnes, par cela seul qu'elles sont établies. Le respect que je leur dois n'est pas la soumission de mon jugement et de ma pensée, effort impossible, mais celui de mes actions; et si l'on me dit que je n'ai pas le droit d'exprimer ma pensée et mon jugement, qu'on me mène aux carrières.

Je conçois néanmoins qu'il y a telle manière d'énoncer ses opinions, qui, par sa forme et les circonstances qui l'accompagnent, peut être un délit contraire à l'obéissance que nous devons aux loix établies: il est évident que si je monte sur une borne dans une place publique, et que j'invite le peuple à une insurrection contre telle ou telle loi; si je couvre les murs d'une ville peuplée de huit cent mille ames, de placards incendiaires, sous le prétexte d'énoncer mes opinions et mes idées, je sors des limites d'une liberté légitime et je mérite d'être puni comme perturbateur de la chose publique, et insultant aux loix de mon pays. Mais qu'a de commun avec un tel délit, un écrit philosophique, qui se lit dans le silence du cabinet, et trop souvent avec une attention légère et fugitive que l'écrivain a tant de peine à fixer? quel trouble peut-il en résulter? quelle désobéissance à la loi peut en être la suite?

Cette distinction des écrits philosophiques destinés aux hommes instruits et refléchis, d'avec les publications populaires qui peuvent si aisément prendre le caractère et imprimer les mouvemens de la sédition, me semble être, pour le dire à cette occasion, la vraie solution du problême qui occupe depuis si long-temps nos législateurs, et qui n'est pas encore résolu, de placer les limites de la liberté de la presse. Cette idée paraît à la vérité s'être présentée à quelques-uns de ceux qui ont traité la question : mais on ne s'y est pas assez arrêté, on n'en a pas saisi les vraies conséquences, puisque le corps législatif lui-même ne paraît avoir encore sur ce point important, ni théorie, ni pratique établie. Mais quoiqu'il n'ait pas encore tracé la vraie limite, je me tiendrai soigneusement en deçà du point où il est possible de la placer, sans m'interdire la liberté de démêler les vices de la loi, et de démasquer ses injustices. J'entre en matière.

Dans les débats qui ont précédé la résolution au Conseil des Cinq-cents, on voit Cambre l'un des deux représentans qui ont eu seuls le courage de combattre cette cruelle mesure, l'attaquant comme contraire à la constitution ; et Berlier, l'un des auteurs du projet, repoussant ce reproche d'*inconstitutionnalité*.

Celui-ci a recours à cet argument que nous avons tous vu, dans des temps horribles, employé à couvrir les plus grandes violences ; qu'il faut quelques fois violer la constitution, pour l'intérêt même de la constitution, et pour la sauver des attaques de ses ennemis.

« L'état de guerre, » dit-il, « dans lequel se sont constitués les brigands, n'est-il pas hors de la constitution, et le salut de la République, dont la constitution n'est que le manifeste, n'est-il rien pour vous ? »

Il est trop aisé de répondre à cet étrange raisonnement.

Par ces *brigands* en état de guerre, qu'entend en effet le représentant Berlier ? Sont-ce, comme on est tenté de l'entendre, les ex-nobles et pères d'émigrés, que la loi poursuit en effet comme des ennemis, et qu'on identifierait avec ceux qui tuent les fonctionnaires publics, les défenseurs de la patrie ? Mais les qualifier ainsi, ce serait supposer sans pudeur, ce qui est en question, et cela contre l'évidence des faits qui ne permet pas d'assimiler à des brigands ce nombre de citoyens paisibles, la plupart vieillards, femmes et enfans, qu'on n'accuse même pas, et que la loi ne punit qu'à l'occasion d'un délit qui leur est étranger.

D'un autre côté, si l'on entend par ces *brigands*, ceux qui assassinent les fonctionnaires publics, les acquéreurs de bien nationaux, etc. dénomination qu'ils méritent en effet ; comment l'état de guerre dans lequel ces hommes se mettent avec la République, est-il un motif de déporter des ex-nobles et des parens d'émigrés ?

Il est facile encore de répondre au représentant Berlier, par cette simple observation : qu'en se permettant de raisonner ainsi, il n'est point d'iniquité, point de cruauté auxquelles on ne fournît une excuse. On y trouverait, par exemple, l'apologie parfaite des plus grandes tyrannies dont l'histoire fasse mention ; de toutes les violations de la liberté, de la sûreté, de la propriété des citoyens ; enfin, jusqu'à celles des violences faites, en divers temps, au corps législatif, aux autorités constituées et aux assemblées du peuple, même les plus légitimes.

Si une faction puissante, que l'expérience nous a déjà fait voir, ne se laissant arrêter par aucun obstacle dans les projets qu'elle prétend être nécessaires au salut de la République, voulait décimer le corps législatif, ou en déporter le tiers, ou le remplacer par une convention, ou supprimer le directoire et y substituer des comités de sûreté générale et de salut public, etc. ses apologistes ne diraient-ils pas aussi qu'ils violent la constitution pour la maintenir et sauver la République? Le représentant Berlier trouverait-il alors le raisonnement concluant?

Mais je n'en appellerai pas à la constitution ; il ne s'agit pas ici de constitution violée ; il s'agit des principes premiers et fondamentaux de toute justice, dictés par le bon sens, par le sentiment universel, s'établissant au cœur de l'homme dès l'instant où il a la plus faible relation avec ses semblables, antérieurs à tout ordre social, même imparfait et commencé, et, à plus forte raison, à toute constitution.

Il s'agit des droits pour la conservation

desquels les hommes se sont réunis en société et se sont donnés des constitutions : la sûreté, la liberté, la propriété de l'individu, limitées par la sûreté, la liberté et la propriété de ses semblables, et l'égalité des droits de tous à s'assurer la jouissance de ces premiers droits.

Ce n'est donc pas comme contraire à la constitution française, mais comme contraire aux principes de la justice et de la morale universelle et aux droits naturels de l'homme, que j'attaquerai cette cruelle loi.

I. J'invoquerai d'abord ce principe, qu'aucune constitution n'a daigné énoncer, parce qu'il n'est contesté par personne :

« Les fautes sont personnelles ; l'innocent ne peut être puni pour le coupable. »

Quoi ! l'innocent ne peut être puni pour le coupable ! et parce qu'on aura tué un fonctionnaire public, ou un défenseur de la patrie, ou un acquéreur de biens nationaux, crime punissable selon la rigueur des loix, sur celui qui le commet, l'ex-noble, le père noble d'émigré, et le père non noble de ceux qui se trouvent dans des rassemblemens, seront punis d'une peine aussi cruelle que la mort !

Aucun de ces individus n'est pourtant supposé coupable : ni le père ex-noble, de sa noblesse abolie, et qui n'est pas un délit ; ni le père ex-noble d'émigré, de l'émigration de son fils ou de sa fille, qui n'est pas son fait ; ni le père non noble, du crime de son fils, faisant partie des rassemblemens; en tous ces cas, la loi punirait donc l'innocent pour le coupable.

Qu'ai-je dit? l'innocent pour le coupable! voici vraiment de quoi s'étonner. Les moralistes et les philosophes qui ont énoncé cette maxime, qu'un innocent ne pouvait pas être puni pour le coupable, ont été bien loin de prévoir qu'on imaginerait un jour de punir *quatre* innocens pour un seul coupable. En raisonnant dans cette monstrueuse hypothèse, ils eussent cru faire la caricature de l'injustice dans ses traits les plus hideux, et c'est pourtant la disposition expresse de la loi que je combats. *Quatre* nobles ou quatre parens d'émigrés, innocens, seront punis de la déportation, comptée par le droit romain au nombre des peines capitales, pour le crime d'*un* autre homme, à l'acte duquel on n'accuse individuellement aucun d'eux d'avoir participé.

C'est une chose étrange, sans doute, qu'une loi qui prononce une peine à l'occasion d'un délit, sans articuler en aucune manière, ni même sans donner à entendre que l'individu soumis à la peine a commis le crime ou y a participé.

Si un fonctionnaire public est assassiné, quatre nobles ou parens d'émigrés seront déportés. Est-ce comme coupables de l'assassinat? non : la loi n'en dit rien. Elle ne les en accuse pas, au moins n'en accuse-t-elle aucun en particulier, et elle les condamne!

Elle ne semble mettre aucun intérêt à

découvrir le coupable, avant d'infliger la peine à ceux qu'elle a rendus responsables du crime.

Il est vrai qu'article X, elle exempte les ôtages de la déportation, si l'un des condamnés a formellement dénoncé et procuré l'arrestation d'un individu déclaré ensuite coupable du délit.

Mais il faut, pour cela, que ce soit l'un des ôtages et non aucun autre; comme si la circonstance que le coupable ait été dénoncé ou arrêté par tout autre qu'un des ôtages, était d'aucune importance; comme si la découverte du coupable n'était pas la véritable et pressante raison de ne pas punir ceux que la conviction du crime, dans celui-là, lave de toute espèce de soupçon: de sorte que si un père de famille ayant lui-même saisi l'auteur du meurtre, et le présentant au tribunal qui va prononcer la déportation de ses fils et de ses filles, s'écrie vers les juges : Voilà le coupable, rendez-moi mes enfans. Vain espoir ! l'assassin sera peut-être puni, mais le malheureux père verra encore ses enfans déportés au même moment où sera mené à la mort l'auteur reconnu du crime *pour* lequel on les déporte. Quoi ! une telle barbarie au sein d'un peuple civilisé ! en Europe ! en France ! à la fin du dix-huitième siècle !

II. La loi des ôtages, qui viole ces premiers principes de justice et de morale universelle, n'est pas moins subversive de tous les droits naturels, pour la conservation desquels les hommes se sont réunis en sociétés politiques : la sûreté et la liberté personnelle, la propriété, l'égalité aux yeux de la loi.

Je placerai au premier rang, parmi ces droits, celui qu'a l'homme à sa sûreté et sa liberté personnelle, tant qu'aucun délit ne lui a fait mériter de les perdre, et je demande quelle sûreté reste à celui qui, à la suite d'un fait ou délit qui lui est parfaitement étranger, peut être emprisonné et déporté ?

Quelle liberté reste à l'ex-noble qui, domicilié dans un département à l'époque du premier septembre 1791, et s'en étant éloigné pour se soustraire à la malveillance, aux persécutions qui ont menacé pendant si long-temps sa fortune et sa vie, pour s'éloigner même de ces troubles auxquels on pourrait l'accuser de participer, sera obligé, d'après les articles V et VII, sous peine d'être traité comme émigré, de revenir de cent lieues dans son ancien domicile, sur la sommation d'un gendarme, pour y servir d'ôtage et être déporté ?

Est-ce là la liberté que le sol de la France a dû assurer à tous ceux qui le touchent ? est-ce là la liberté que donne à des Français cette même République qui a rendu aux noirs de nos colonies les droits de l'homme, et qui y a ajouté même ceux de citoyens ?

Est-il besoin de remarquer aussi combien cette loi est attentatoire au droit de propriété, sacré sans doute dans la personne du citoyen soumis aux loix de son pays, et qu'un crime n'en a pas dépouillé (en supposant même qu'une société politique bien organisée puisse établir une loi de confiscation.) Quel droit de propriété reste-t-il à celui qui, pour un délit qui lui est étranger, peut être soumis dans ses biens à un séquestre qu'une triste expérience nous a si souvent montré équivalant à une spoliation ? Quel droit de propriété reste-t-il à l'ex-noble, aïeul ou aïeule, aux pères et mères d'un émigré qui, pour un meurtre commis à je ne sais quelle distance de leur demeure, (car la loi n'en détermine aucune) pour un meurtre dont ils n'auront souvent aucune connaissance, seront chassés de leur habitation et iront mourir de misère sur un sol étranger ? Comment, enfin, une telle loi se concilie-t-elle avec l'article 358 de la constitution ? *La constitution garantit l'inviolabilité de toutes les propriétés.*

Mais veut-on voir la propriété violée d'une manière encore plus étrange, car je ne trouve pas d'autre terme à employer ici ? L'art. XIV porte, que « les nobles et parens d'émigrés seront également, dans chaque département, civilement et solidairement responsables, tant envers la République qu'envers les particuliers, des enlèvemens de récoltes, exactions de fermages, spoliation de deniers, incendies, dégradations et pillages exercés sur les propriétés. »

Une telle responsabilité imposée aux nobles et aux parens d'émigrés, est une violation du droit de propriété, telle que je n'en connais dans l'histoire ancienne et moderne, et que je ne crois pas qu'on pût en indiquer aucun autre exemple.

Des propriétaires paisibles, quoique ex-nobles ou pères d'émigrés, forcés, par *arrêté d'une administration centrale*, sans délit même présumé, de restituer dans les *dix jours* qui suivent la violence commise, *la valeur entière des objets pillés, incendiés et dévastés dans leur commune ou arrondissement*, et en outre une amende au profit du trésor public, *égale à la valeur desdits objets*; forcés à cette restitution et à cette amende, sans avoir participé en aucune manière au brigandage dont on les rend responsables, et sans avoir eu entre les mains aucun moyen de l'empêcher, puisqu'il est supposé l'ouvrage de la force! Il faut convenir qu'une telle disposition est neuve en matière de législation, et qu'en la voyant dans le texte d'une loi, on a peine à en croire ses yeux.

Enfin cet autre droit non moins sacré, l'égalité devant la loi, n'est-il pas violé d'une manière choquante par la loi des ôtages? Cette loi, en effet, frappe de sa rigueur, uniquement, certaines classes proscrites, les ex-nobles, les parens d'émigrés, et par là même il ne reste entre ces proscrits et les autres citoyens, aucune égalité aux yeux de la loi.

L'égalité, dit l'article III de l'exposé des droits de l'homme, à la tête de la constitution de l'an 3, *consiste en ce que la loi est la même pour tous, soit qu'elle protège, soit qu'elle punisse.*

La loi qui protège est-elle la même pour l'ex-noble et le père d'émigré, que pour tout autre citoyen, lorsque ceux-là seuls peuvent être enlevés de leur domicile, emprisonnés et bannis de leur patrie, à l'occasion d'un événement qui leur est étranger, et d'un crime qui n'est pas le leur?

L'égalité se trouve même blessée par la loi, jusques entre les classes des proscrits; car c'est une chose remarquable, que des trois classes d'individus soumis à cette cruelle responsabilité, il y en a une que le projet de loi attaque la dernière, et qui ne doit être frappée qu'à défaut de nobles et de pères et mères, aïeuls et aïeules d'émigrés. Alors seulement les exécuteurs de la loi s'en prendront aux parens *non-nobles* des individus *faisant actuellement et notoirement partie des rassemblemens d'assassins.* Cette classe de responsables est cependant plus voisine, pour ainsi dire, du crime qu'on poursuit, que les deux autres, puisqu'on suppose qu'elle a ses enfans, ses parens, *faisant notoirement partie des troupes d'assassins;* mais on l'a placée en dernière ligne, parce qu'elle n'est pas formée de nobles. Tel est le respect pour l'égalité tant de fois jurée; telle est la justice distributive des auteurs de la loi.

On l'a dit cent fois et on ne saurait trop le répéter; rien n'est si contraire à la constitution, en même temps qu'à tous les principes, que cette obstination à rappeler, à maintenir, à éterniser cette qualité de nobles, abolie par trois constitutions successives, pour en faire un motif toujours subsistant de persécutions.

L'égalité, a dit la déclaration des droits, placée en avant de la constitution de l'an 3, *n'admet aucune distinction de naissance*. De quel droit le législateur lui-même, qui certes n'a pas celui de s'écarter de la déclation de nos droits, voit-il encore cette qualité de noble en qui que ce soit? et comment l'y voit-il pour en faire un crime et un titre de proscription, jusque dans des femmes et des enfans?

III. La révolution a eu pour but d'abolir en France tout pouvoir arbitraire, pour y substituer le seul empire de la loi. Les assemblées nationales qui avaient laissé subsister la monarchie, en la tempérant; la convention qui a fondé la République; l'assemblée de 1795, qui nous a donné la constitution de l'an 3, ont unanimement proscrit toute autorité arbitraire, tout pouvoir de l'homme sur l'homme, non fondé sur une loi claire et précise. Le principe qui les a conduites en cela, est gravé au fond du cœur de tout homme libre. On ne peut donc trop s'étonner qu'une assemblée de Représentans de la nation, ait porté une loi qui met des millions de Français sous le joug d'un pouvoir le plus arbitraire dont on pût, je crois, trouver l'exemple dans les nations les plus esclaves, et sous les gouvernemens les plus despotiques. Or, je n'exagère point en disant, que tel est le caractère de la loi des ôtages.

On ne peut voir qu'avec le plus grand effroi tout ce que cette loi a d'arbitraire.

A commencer par le nombre de nobles et de parens d'émigrés qu'elle soumet à la déportation, pour l'assassinat d'un fonctionnaire public ou d'un défenseur de la patrie, etc. pourquoi en condamne-t-elle quatre plutôt qu'un ou que deux? Pourquoi, d'un autre côté, n'en proscrit-elle pas huit, seize, trente-deux, aussi bien que quatre? Pourquoi, pour le meurtre d'un seul patriote, ne déporte-t-elle pas tous les nobles, tous les pères d'émigrés d'un département? Comme on ne prouve d'aucun qu'il soit coupable, il n'y a pas de raison de s'arrêter lorsqu'on a condamné quatre innocens; et ceux qu'on déporte n'étant pas plus coupables que ceux qui restent, pourquoi en laisse-t-on?

Quoiqu'il semble par l'article premier, qu'il appartienne au corps législatif seul de déclarer une commune en état de troubles civils, pour y faire mettre à exécution la loi des ôtages; par l'article III, les administrations centrales sont autorisées à prendre des ôtages dans les communes, cantons et départemens, *provisoirement* et *avant que l'état de trouble y ait été déclaré par la loi*, à la charge seulement d'en instruire le directoire dans les 24 heures. Pouvoir énorme et arbitraire,

traire, qui met une administration centrale, située à deux cents lieues de la capitale, en état d'exercer l'oppression la plus horrible, la plus étendue, et qui dans le fond donne ce même pouvoir au directoire, dont les administrations centrales ne sont que des instrumens.

Dans les classes destinées à fournir des ôtages, aucune règle, aucune loi, ne guidera le choix de ceux qui subiront la déportation : il est dit que le directoire consultera sur ce choix les administrations centrales ; mais celles-ci proposeront arbitrairement tels et tels pour victimes, et le directoire lui-même frappera celles qu'il voudra.

En suivant l'ordre des classes, comme il est tracé par la loi, et commençant par les ex-nobles, parens d'émigrés, il peut y avoir de cette seule classe dans une commune ou arrondissement, huit, seize et trente-deux, etc. et un nombre infiniment plus grand d'individus entre lesquels le glaive de la déportation pourra choisir ; ils seront-là comme un vil troupeau, parmi lequel le boucher vient faire son choix : quel arbitraire !

Combien d'autres actes arbitraires vont être dans la main du directoire, des administrations centrales, des commissaires du pouvoir exécutif, des simples officiers municipaux !

Quel est le degré de parenté avec un émigré, d'après lequel un individu sera pris en ôtage ?

En quelle espèce de lieu les ôtages, seront-ils déposés? Sera-ce une maison ou demeure ordinaire, ou une prison?

Y seront-ils conduits avant qu'un assassinat ait été commis, ou seulement après?

Prendra-t-on pour les déporter, à l'aventure, et sans distinction, les femmes ainsi que les hommes, les enfans et les vieillards, ainsi que ceux qui, dans la force de l'âge, sont plus capables de supporter les calamités d'une déportation?

En quels lieux de la terre les déportera-t-on, car la loi ne le dit point? Sera-ce en des pays inhabités ou mal-sains, au-delà des mers? quel tombeau leur ouvrira-t-on? quelle espèce de mort lente les attendra?

Quelles ressources leur laissera-t-on? quelle portion de leur bien leur donnera-t-on pour viatique?

C'est avec une peine extrême que je continuerais de traîner ma pensée sur cet horrible détail de tyrannies minutieuses que ne manqueraient pas d'exercer sur les victimes de la loi, ses agens impitoyables, dont nous n'avons que trop éprouvé dans des temps semblables, ou la faiblesse ou la dureté. J'en ai dit assez.

IV. La loi n'ayant en aucun endroit motivé la rigueur dont elle use envers les nobles et parens d'émigrés, sur aucun délit de leur part, on est réduit à y chercher au moins quelque prétexte, et on y en trouve un en effet, le seul qui apparaisse, dans le second article, qui déclare les ex-nobles, parens d'émigrés et autres, responsables des assassinats et des brigandages commis dans l'intérieur, *en haine de la République*.

La frivolité et l'injustice de ce prétexte sautent aux yeux; car, de ce qu'un défenseur de la patrie, ou un fonctionnaire public, etc. a été tué *en haine de la République*, comment cela justifie-t-il la ruine et la déportation de quatre ex-nobles, citoyens paisibles et innocens? Une telle sentence n'est pas plus juste que celle qui ferait deporter quatre ex-nobles ou parens d'émigrés à Perpignan, pour un défenseur de la patrie mort dans son lit à Strasbourg.

Mais en supposant que cette circonstance, que le meurtre aurait été commis en haine de la République, fût de quelque poids pour motiver la déportation ou la ruine de quatre ex-nobles ou parens d'émigrés, au moins serait-il d'une obligation indispensable au législateur de distinguer les assassinats et pillages commis en haine de la République, de tous les autres, afin de n'employer la mesure de la déportation que dans les cas de cette espèce, les seuls où le prétexte de l'intérêt de la République colorerait bien insuffisamment sans doute une telle cruauté.

Or, beaucoup d'espèces de meurtres d'un fonctionnaire public, d'un défenseur de la patrie, d'un acquéreur de biens nationaux, peuvent se commettre par des motifs très-différens de la haine de la République.

Personne ne niera qu'il ne puisse et qu'il

ne doive arriver souvent à la suite, soit d'une rixe, soit d'une querelle ancienne et particulière entre deux patriotes, que l'un des deux, défenseur de la patrie, perde la vie par les mains de son camarade, chaud de colère ou de vin ; qu'un acquéreur de biens nationaux soit assassiné au coin d'un bois par des voleurs de grand chemin qui ont voulu le dépouiller ; qu'un fonctionnaire, caissier du revenu public, soit tué dans sa maison par des brigands qui veulent avoir sa caisse : en ces diverses manières de tuer, il peut n'entrer pas le moindre sentiment de haine pour la République. Il est même très-possible que de tels malfaiteurs soient fort contens d'un état de choses où ils se flattent, et malheureusement avec trop de raison, de trouver l'impunité.

Il peut y avoir aussi des meurtres simulés supposés, et différens motifs peuvent porter à cette espèce de faux.

La gratification de 6000 francs à la veuve, et de 3000 francs à chaque enfant, est une grande tentation.

Un fonctionnaire public qui gagne peu au service de la République ; un acquéreur de biens nationaux, dont les spéculations ne tournent pas bien ; un défenseur de la patrie qui n'a pas été heureux dans ses expéditions, peuvent très-aisément quitter leur poste, disparaître, déserter, sans qu'on sache ce qu'ils sont devenus, et se faire passer pour morts, en faisant répandre le bruit qu'ils ont été tués en haine de la République ; ils assureront ainsi à leurs femmes 6000 francs, et à chacun de leurs enfans 3000 francs. Les neuf dixièmes des fonctionnaires publics et des défenseurs de la patrie étant sans fortune, c'est pour un nombre prodigieux d'individus une tentation très-forte que celle de procurer à leurs femmes, à leurs enfans un aussi grand avantage qui ne leur coûtera que la peine de se déplacer ou d'émigrer pour quelque temps.

Je citerai enfin, quoiqu'à regret, une dernière espèce de meurtre d'un fonctionnaire public, ou défenseur de la patrie, ou acquéreur de biens nationaux, qui peut n'avoir pas pour motif la haine de la République; exemple horrible sans doute, mais qui n'en est pas moins dans l'ordre des possibles.

La loi des ôtages est une prime donnée à la femme.... c'est une prime donnée aux enfans pour.... je n'ose achever; mais je prie tous ceux qui connaissent la dépravation actuelle, l'immoralité résultante de la destruction subite de tous les anciens principes, du mépris répandu sur les nœuds sacrés du mariage, du défaut d'éducation, et généralement de l'état de désordre public où nous vivons; je les prie de penser combien sera forte la tentation offerte par la loi que je combats, et combien il est vraisemblable que beaucoup y succomberont.

Voilà, je pense, assez d'exemples d'assassinats qui peuvent se commettre pour de tout autres motifs que la haine de la

République ; d'où il résulte que si l'on prétend faire valoir cette circonstance pour s'en prendre aux ex-nobles, parens d'émigrés et autres, du crime commis, il est nécessaire de constater qu'elle a eu lieu, c'est-à-dire, que l'assassinat a été commis en haine de la République. Or, c'est ce que la loi ne prescrit en aucun endroit aux juges de paix et autres officiers de police de vérifier.

Cette découverte peut à la vérité résulter assez naturellement de procès-verbaux ordonnés par la loi ; mais pour les agens municipaux, commissaires, juges de paix et autres, à qui il est enjoint de les dresser dans les trois jours qui suivront le délit, elle doit être indifférente et n'attirer nullement leur attention ; et enfin qu'elle soit reconnue ou non, l'arrestation et la déportation des nobles, parens d'émigrés et autres, ne doit pas moins en avoir lieu, d'après l'art. XIII, qui prononce qu'outre la peine de la déportation, la responsabilité civile et solidaire aura lieu *par chaque individu dénommé dans l'article IX, assassiné soit isolément, soit dans une action, ou de quelque manière que ce soit.*

Je le demande, n'est-ce pas là énoncer assez naïvement la résolution de déporter les ex-nobles et parens d'émigrés, dans tous les cas possibles, sans s'embarrasser de donner un motif plausible, ni même aucun prétexte à cette cruelle mesure? La loi semble au moins ici, écarter toute recherche des motifs de l'assassin, pour se conserver le droit terrible qu'elle veut exercer ; elle ne met aucun intérêt à connaître la nature et les circonstances du meurtre. Dès qu'il y a un patriote assassiné, *de quelque manière que ce soit*, la déportation de quatre nobles va de droit. Il aura été tué par son ennemi, patriote comme lui, par des voleurs de grand chemin, par l'amant de sa femme, n'importe : un sacrifice de quatre ex-nobles ou parens d'émigrés, expiera ce crime ; ils seront déportés, et leurs biens séquestrés pour la sûreté de la République.

On peut, à la vérité, regarder un des cas énoncés dans l'énumération de l'article IX, celui où le défenseur de la patrie est tué dans *une action*, comme un exemple d'un meurtre commis en haine de la République ; mais on voit aussi combien dans ce cas-là même il est absurde et atroce de s'en prendre à des ex-nobles et parens d'émigrés, résidant souvent à de grandes distances du lieu de l'action, la plupart vieillards, femmes, enfans ou pères de famille paisibles, qui n'ont eu aucune part à ces malheureux événemens ; dont les enfans seront peut-être tombés en combattant pour la République, de sorte qu'il ne restera plus que de déporter le père pour se débarrasser d'une famille noble de plus.

Au reste, on ne peut penser sans horreur aux conséquences de cette même clause, *dans une action*, lorsqu'on considère qu'elle conduit, par une voie assez courte, à l'extirpation entière de tout ce qu'il y a encore en France de nobles et de parens d'émigrés, c'est-à-dire, de quelque cent milliers d'individus, y compris les femmes et les enfans, pour lesquels le décret n'indique aucune exception. Ce résultat paraît indubitable, si l'on considère qu'il est infiniment possible que les chouans se remettant en mouvement dans les départemens de l'Ouest, il y ait des actions fréquentes et peut-être meurtrières; il se peut que dans l'agitation qui commence à se faire sentir en plusieurs départemens, il y ait beaucoup de sang répandu, et dans cette malheureuse supposition, on ne voit plus quelles bornes aurait la déportation.

Je n'ai parlé jusqu'à présent que de l'*assassinat* réel ou supposé, amenant la déportation des ex-nobles et parens d'émigrés; mais la loi que je combats ouvre une bien plus grande porte à cette calamité, dans la clause de l'article IX, où il est dit : « que le simple *enlèvement* d'un fonctionnaire public, ou acquéreur de biens nationaux, ou défenseur de la patrie, et celui de leurs pères, mères, épouses et enfans, donnera lieu à la même peine de déportation de quatre ex-nobles ou parens d'émigrés, ainsi qu'aux amendes et indemnités, etc. »

Quelle jurisprudence, bon Dieu ! Ou l'auteur du crime et les circonstances de l'enlèvement seront connus, ou ils ne le seront pas; dans la première supposition, ou cet auteur et ses complices seront des ex-nobles et pères d'émigrés, alors ils sont soumis aux peines portées contre ce délit, chacun en droit soi et pour leur fait; mais leur crime ne peut être puni en même temps sur d'autres ex-nobles et parens d'émigrés dont on a fait des ôtages. Si le criminel connu n'est pas noble, il n'y a non plus aucune raison de déporter quatre ex-nobles pour le crime de celui qui ne l'est pas.

D'un autre côté, si l'auteur du crime, ainsi que les circonstances, ne sont pas connus, il est encore plus odieux de s'en prendre aux ex-nobles et parens d'émigrés; car, dans cette supposition, on n'a aucune preuve que le crime d'enlèvement, en le supposant réel, ait été commis en haine de la République; et de plus, on n'a aucune preuve qu'il ait été réellement commis, et qu'il ne soit pas, comme ceux que je viens d'indiquer, un crime simulé, un enlèvement convenu avec le fonctionnaire public ou le défenseur de la patrie qui aura fait disparaître ou son père, ou sa mère, ou sa femme, ou quelqu'un de ses enfans, pour faire déporter quatre, ou huit, ou douze ex-nobles, dont la déportation et l'éloignement pourront lui apporter des avantages de différens genres aisés à imaginer.

Qu'on veuille considérer un moment combien il y a de motifs et d'intérêts divers et puissans qui peuvent conduire des hommes sans principes, comme il en est tant, à ourdir des trames difficiles à reconnaître, pour faire déporter l'ex-noble dont ils convoiteront le bien, ou leur créancier, ou celui qu'ils auront en haine, indépendamment de l'avantage qu'ils trouveront dans les indemnités attribuées au père, si la femme ou les enfans ont disparu, ou à la femme et aux enfans, si le père déserte ou s'expatrie. Peut-on nier qu'une loi de ce genre n'ouvre au crime une large voie, et aux hommes corrompus de puissans motifs de s'y abandonner? Et sont-ce là les caractères qu'on peut s'attendre à trouver dans une loi?

V. Rien ne peut ajouter à la cruauté d'une loi déjà cruelle, autant que son inefficacité pour arriver au but qu'on dit qu'on a voulu atteindre en la portant. L'objet de celle-ci, dit-on, est de prévenir les assassinats commis sur les fonctionnaires publics, les défenseurs de la patrie et les acquéreurs de biens nationaux. Si la loi des ôtages était capable de produire cet effet, on pourrait dire, le moyen est terrible, il est vrai, mais il est efficace, et dans la résolution où l'on est d'empêcher le délit, la mesure, toute cruelle qu'elle est, peut être en quelque sorte excusée, parce qu'elle conduit sûrement au but.

Mais il est manifeste que cette mesure ne peut avoir en aucune manière l'effet qu'on dit qu'on en attend.

Pour en tirer cet avantage, il faudrait ou que les assassinats qu'on veut prévenir, fussent au moins en grande partie commis ou provoqués par les individus des classes que la loi des ôtages va frapper; ou que sans les provoquer ni les commettre, ces mêmes individus, pour échapper aux peines dont ils sont menacés, pussent trouver quelque moyen de les empêcher, etc. Dans la première de ces deux suppositions, on arrêterait le crime dans la main de ceux qui le commettent ou le font commettre. Dans la seconde, on environnerait ceux qu'on veut défendre, de la vigilance et des secours de ceux qui auraient tout à craindre pour eux-mêmes de la pénétration du crime, même par un autre. Mais l'une et l'autre de ces suppositions manquent également, non-seulement de vérité, mais de toute vraisemblance.

Aucun homme de quelque sens ne croira, aucun homme de quelque bonne foi ne dira que *les ex-nobles et parens d'émigrés*, restés en France, ruinés, opprimés, persécutés en mille manières, la plupart vieillards, femmes, enfans, *assassinent les patriotes*.

Il est assurément possible qu'après tant de maux éprouvés, tant d'injustices et de violences essuyées, quelques-uns de ceux qui en ont souffert, s'arrogent une vengeance qui n'appartient qu'à la loi ; ce sont là des résultats particuliers de l'état de désordre dans lequel nous sommes encore : mais nonobstant le petit nombre de faits de ce genre, que les promoteurs de la loi ne se sont pas d'ailleurs mis en peine ni de chercher individuellement, ni de détailler dans leurs circonstances, ni de prouver ; nonobstant, dis-je, ce petit nombre de faits, l'assertion générale que *les auteurs et complices des assassinats qu'on veut empêcher, ne sont pas des classes frappées par la loi des ôtages*, n'en est pas moins une vérité incontestable, et conduit à cette conséquence : donc en prenant pour ôtages les ex-nobles et parens d'émigrés, avec quelque rigueur qu'on les traite, on ne trouvera pas dans cette rigueur un moyen d'empêcher les assassinats qu'on ne fera cesser qu'en remontant aux véritables sources du désordre, et aux vrais auteurs de ce genre de crimes.

En me chargeant de prouver que les auteurs et complices des assassinats qu'on veut réprimer, ne sont pas des classes que frappe la loi des ôtages, je fais assurément beau jeu à mes antagonistes : car, quand il serait vrai qu'un nombre même notable de crimes de ce genre serait commis par des ex-nobles et parens d'émigrés, ou à leur instigation, il ne s'ensuivrait point du tout que la législation peut, avec justice, proscrire généralement toute une classe de citoyens, et faire d'eux une masse de condamnés, sans distinction des innocens et des coupables. On ne condamne point des hommes en masse. Le despotisme féroce des Gengiskan, des Thamas, a quelquefois exterminé des villes, des nations entières ; chez quelques nations de l'Asie, tous les habitans d'une maison, ou d'une rue, ou d'un quartier, expient de leur mort le délit d'un seul : mais, sans doute, la révolution française n'a pas eu pour but de nous ramener à la férocité des conquérans Tartares, et à la jurisprudence criminelle des Siamois et des Japonais.

En s'abandonnant à des mesures extrêmes on manque le but. La responsabilité des communes pouvait y conduire ; la responsabilité des nobles et parens d'émigrés n'y mènera pas. Il était bien plus raisonnable, si l'on pouvait établir une responsabilité de ce genre, de la faire peser sur toute une commune, qui a dans les mains les moyens de la police et de l'administration, et la force qui peut se faire obéir, et poursuivre le délinquant, que d'accabler de malheureux ex-nobles de ce fardeau qu'ils ne peuvent pas porter. Cette responsabilité qu'on leur impose est un mot vide de sens dans l'application qu'on leur en fait. La loi les rend *punissables* d'un délit qui n'est pas le leur, mais elle ne peut les rendre *responsables*, si l'on attache à ce mot quelque sens.

Voyons maintenant si les apologistes de la loi seront plus heureux dans l'emploi de leur second moyen, qui consisterait à dire que si les nobles et parens d'émigrés ne sont pas les auteurs ou les fauteurs des assassinats commis sur les patriotes, ils ont du moins pu et peuvent les empêcher ; et que c'est pour les punir de cette négligence, et les détourner de s'en rendre désormais coupables, qu'il est juste d'en déporter un nombre d'entre eux, toutes les fois qu'un meurtre est commis.

Mais en bonne foi, les auteurs mêmes de la loi ont-ils pu croire que les ex-nobles et parens d'émigrés, restés en France, la plupart vieillards, femmes, enfans, ou le petit nombre de chefs de famille, doués de quelque activité, mais presque tous inquiétés, surveillés, ruinés, ont quelques moyens d'empêcher des assassinats ? Pour faire un tel service, il leur faudrait quelque espèce d'autorité et de force ; ils n'ont ni l'un ni l'autre. Ne leur demandez donc pas ce que vous les avez mis dans l'impuissance de faire ?

VI. Je terminerai cette discussion, en mettant sous les yeux de nos Représentans, un motif bien capable de les frapper ; c'est l'intérêt même de la République. Que peut-il y avoir en effet de plus contraire à cet intérêt, qu'une loi qui doit nécessairement augmenter le nombre de ses ennemis intérieurs, et multiplier et animer davantage ses ennemis du dehors ?

On a dit souvent, et je vois même s'accréditer cette opinion, qu'il y a tel projet funeste obtenu de la législature trompée, par des ennemis véritables de la République, comme un moyen de hâter la contre-révolution.

C'est ce que nous entendons dire avec moins d'invraisemblance que jamais des deux projets d'emprunt forcé qui viennent d'être proposés au conseil des Cinq-cents, également impraticables, également attentatoires à la propriété, également destructifs de toute richesse, de tout crédit, de toute culture, de toute industrie.

J'excuse ce soupçon, quoique je ne le partage pas ; mais s'il a quelque vraisemblance, lorsqu'il s'agit des opérations ruineuses que je viens de citer, il en a bien davantage encore appliqué à la loi sur les ôtages.

Que peut-il y avoir en effet de plus contraire à la conservation de la République, qu'une violence qui, d'un côté et dans l'intérieur de la France, pousse au désespoir tous ceux qui en sont l'objet; chez qui l'oppression antérieure n'a pas encore entièrement éteint ce sentiment naturel et profond qui s'irrite de l'injustice; et de l'autre, je veux dire au dehors, anime tous les nobles, tous les propriétaires, tous les habitans des pays policés de l'Europe, enfin tous ceux qui ont quelque chose à perdre, contre un gouvernement qui, après avoir aboli la noblesse, fait une guerre d'extermination à ceux qui ont été nobles, envahit leurs propriétés, ainsi que celles du nombre prodigieux d'autres citoyens pour des délits qui leur sont étrangers, contre un gouvernement dont ils peuvent craindre que l'exemple ne soit imité chez eux ?

Pour parler d'abord de l'impression que peut et doit produire dans l'esprit et le cœur des Français une loi pareille, peut-on se peindre la désolation profonde et déchirante et le désespoir des malheureux qu'une telle loi va frapper ? « Quoi ! » s'écrieront un père, une mère, un vieillard et sa compagne, « parce que nous sommes nobles ou pères et mères, aïeuls ou aïeules d'émigrés; après nous avoir opprimés et dépouillés en cent manières, pour un délit qui n'est pas le nôtre, et que nous nous sommes au contraire défendu de commettre ; après nous avoir punis de ce délit qui nous est étranger, par la perte de la moitié, des trois quarts de nos biens; parce qu'un soldat de la République, un acquéreur de biens nationaux, un fonctionnaire public, sont victimes des troubles intérieurs dont nous ne sommes pas coupables, nous serons chassés de notre patrie, forcés de finir nos tristes jours dans la privation de tous les secours et de toutes les consolations de la vie, au milieu d'étrangers à qui le nom Français est en horreur, ou sur quelque terre lointaine, dévorant ses habitans; et ce sont nos compatriotes, nos frères, des Français, des hommes qui nous traitent avec cette effroyable barbarie!.... » Ah! les imprécations de Camille pour un bien moins juste sujet, ne doivent-elles pas venir aux bords de leurs lèvres?

Et le jeune homme arrivé à travers les orages de la révolution, à l'âge du courage, de la force, du développement de toutes ses facultés, et du sentiment de tous ses droits, quels mouvemens s'empareront de lui, lorsque, flétri, malgré lui, de la tache de ce nouveau péché originel, une noblesse cent fois abolie, cent fois proscrite, il verra les auteurs de ses jours, ses frères, ses sœurs, lui-même, arbitrairement déportés en une terre étrangère, arbitrairement dépouillés de leurs propriétés et de celles de leurs ancêtres!

Je suppose une commune en état de trouble, et déclarée telle par la loi : il s'y trouve quarante ex-nobles, pères d'émigrés et autres; ces quarante individus peuvent tous être pris pour ôtages. Un défenseur de la patrie est tué, ce qui ne doit pas être rare dans un état de trouble, plusieurs même peuvent perdre la vie : nos quarante ex-nobles sont menacés ; croit-on qu'ils attendront d'être déportés les uns après les autres ? Ne se jetteront-ils pas plutôt à corps perdu parmi les ennemis de la République, persuadés qu'ils auront de moindres risques à courir, et de moindres pertes à essuyer ?

Les adversaires que je combats ici ont-ils jamais calculé avec quelque attention le nombre de ces ennemis intérieurs désespérés, irréconciliables, que peut leur faire la loi des ôtages ? Je me permettrai ici de donner ce calcul par apperçu.

Je supposerai que la loi ne menace que trente mille familles ou ménages, à cinq têtes par feu : c'est cent cinquante mille individus qui se voient sous le glaive.

Il n'y a presque point de familles de nobles, non-seulement parmi les nouveaux nobles et les ennoblis, mais parmi les anciens ex-nobles eux-mêmes, qui n'aient des liaisons, des alliances avec des familles bourgeoises et non nobles, et ce sera se tenir bien en deçà de la vérité, que de supposer qu'un nombre de familles plébéïennes, égal à celui des familles des ex-nobles, aura des idées, des sentimens, des intérêts, des affections communes avec celles-ci : ce sera donc déjà trois cent mille individus dont la loi aura fait autant d'ennemis intérieurs à la République.

Ce n'est pas tout. On peut bien estimer que ces trois cent mille individus, entre les mains de qui reste encore une grande partie des propriétés de France, malgré les ruines et les spoliations antérieures, ont dans leur dépendance, dans leurs intérêts, et partageant leurs affections et leurs haines, un nombre proportionné de serviteurs de ville et de campagne, fermiers, fournisseurs, ouvriers, artistes, créanciers de toute espèce, vivant tous sur la propriété de ces soixante mille familles; c'est peu que de compter neuf personnes ayant cette espèce de relation à chacun des trois cent mille individus : ce sera donc deux millions sept cent mille individus à ajouter aux trois cent mille, et en tout, trois millions que la loi soulèvera contre elle, et dont elle fera autant d'ennemis de la République, plus ou moins actifs, plus ou moins puissans, plus ou moins bien unis, mais certainement dangereux; car il ne faut pas perdre de vue cette vérité constante : c'est que la masse entière d'une nation reçoit l'impulsion que lui donne la portion active, et que le sentiment de l'injustice, lorsqu'il est répandu dans un nombre d'hommes, est un principe terrible de réaction.

Pour venir maintenant à l'impression que doit produire sur les étrangers la connaissance d'une loi pareille, est il en Europe un noble, un propriétaire foncier, un possesseur d'une maison ou de toute autre richesse, même mobiliaire, qui puisse voir sans inquiétude et sans terreur, dans un pays avec lequel il a de si nombreuses relations, les nobles, et par conséquent, pour la majeure partie, les propriétaires frappés d'un arrêt de ruine, de proscription et de mort? Les nations voisines ne doivent-elles pas craindre que cet exemple ne devienne pour elle contagieux; et quels moyens, diront-elles, de nous garantir de ce torrent, si nous n'en tarissons pas les sources?

Telle est l'impression que doit recevoir tout étranger à l'aspect d'une telle loi; et ce qui est bien digne d'être remarqué, ce n'est pas seulement l'homme public, comme tel, qui la verra avec cette horreur; c'est l'individu, le propriétaire, le père de famille en ces seules qualités. La cause n'est plus simplement publique et de nation à nation; elle est individuelle. Tout propriétaire étranger doit se voir menacé dans sa personne, dans ses biens et dans ses droits les plus chers par des principes destructeurs de toute propriété et de tous les droits.

J'ai donc raison d'assurer que cette loi cruelle est contraire aux intérêts de la République, en augmentant le nombre de ses ennemis au dedans, et en réunissant contre elle avec plus de force, par le motif de leurs plus chers intérêts, tous les gouvernemens des peuples civilisés.

En terminant la lecture de cet écrit, on me demandera peut-être, quel a été votre but? avez-vous espéré que vous feriez rapporter la loi dont vous croyez avoir démontré les vices et l'injustice ? Vous auriez bien présumé de la force de vos raisons, et mal connu la résistance de l'autorité qu'on cherche à faire revenir sur ses pas.

Je dirai d'abord : Si l'opinion générale approuvait cet écrit, si les raisons qui y sont déduites, paraissaient convaincantes ; pourquoi la législation elle-même ne rapporterait-elle pas une loi dont l'injustice et les funestes effets seraient reconnus. Plus d'une fois elle a rapporté des loix antérieures, sans en avoir, j'ose le dire, d'aussi puissans motifs.

Mais si cette espérance est trompée, je dirai naïvement qu'il m'en reste deux autres ; l'une, que le corps législatif sera désormais plus en garde contre des mesures du même genre, s'il en est encore d'imminentes, comme on nous le fait craindre ; l'autre est que le directoire affaiblira autant qu'il sera en lui les funestes effets de la loi dont j'ai démontré les vices, en se défendant autant qu'il pourra de la mettre à exécution ; ce qui dépendra toujours de lui.

FIN.

www.ingramcontent.com/pod-product-compliance
Ingram Content Group UK Ltd.
Pitfield, Milton Keynes, MK11 3LW, UK
UKHW020958220726
13924UKWH00002B/763

9 782019 690687